漫話國寶

10 大英博物館

杜瑩◎編著　　　朝畫夕食◎繪

中華教育

漫話國寶 10 大英博物館

杜瑩◎編著
朝畫夕食◎繪

出版　中華教育
　　　香港北角英皇道四九九號北角工業大廈一樓B
　　　電話：（852）2137 2338　　傳真：（852）2713 8202
　　　電子郵件：info@chunghwabook.com.hk
　　　網址：http://www.chunghwabook.com.hk

發行　香港聯合書刊物流有限公司
　　　香港新界荃灣德士古道220-248號
　　　荃灣工業中心16樓
　　　電話：（852）2150 2100　　傳真：（852）2407 3062
　　　電子郵件：info@suplogistics.com.hk

印刷　迦南印刷有限公司
　　　香港新界葵涌大連排道172-180號
　　　金龍工業中心第三期十四樓H室

版次　2021年6月第1版第1次印刷
　　　©2021中華教育

規格　16開（240mm×170mm）
ISBN　978-988-8759-00-2

責任編輯：吳黎純
裝幀設計：李洛霖
排版：李洛霖
印務：劉漢舉

·目錄·

　　大英博物館又名不列顛博物館，成立於
1753 年，位於英國倫敦的羅素廣場，是世
界上歷史最悠久、規模最宏大的綜合性博物
館之一，也是世界上最著名的四大博物館之
一。大英博物館的藏品之豐富、種類之繁多，
在博物館界首屈一指。其藏品總量有 800
多萬件，涵蓋了 200 多萬年的人類發展歷
史。它是全世界文博愛好者的聖地。

一封邀請信

看，這是國寶朋友們寄來的邀請信。

邀請函

親愛的 <u>小滿和大力</u>：

　　看到你們四處尋訪珍貴的國寶並把它們介紹給小朋友們，我們感到特別高興，也超級羨慕。因此，在這裏向你們發出邀請，希望你們也能來看看我們，我們也有一肚子的精彩故事想跟小朋友們分享。

　　祝你們學習進步，天天開心。

流落在大英博物館的國寶朋友們

住在國外的國寶朋友們，

我們來啦！

小博士問號站

為甚麼我們國家的國寶會在國外呢？

　　一百多年前，由於清政府的腐敗無能，以英國、法國為首的列強用大炮轟開了中國的大門，大批珍貴的文物被他們掠奪瓜分。此後，中華大地上一直戰事不斷，文物被頻頻搶奪，甚至被盜挖。外國的古董商人也趁火打劫，利用人們的愚昧無知，從他們那兒騙走了許多寶物，有些人甚至還成為掠奪者的幫兇。

　　直到中華人民共和國成立，國家組織大批專家，投入大量人力物力開展文物收集保護工作，才使這些國之瑰寶得到重視和保護。

　　希望在不久的將來，這些傳承中華民族血脈的珍貴文物能夠不再漂泊海外，回到祖國的懷抱！

第一站

女 史 箴 圖

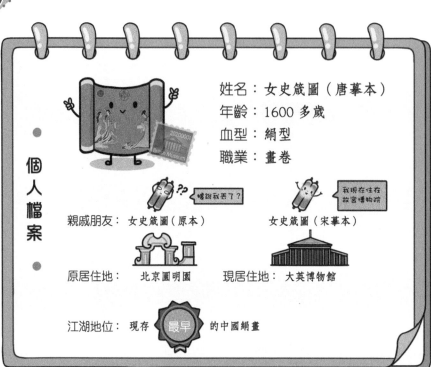

姓名：女史箴圖（唐摹本）
年齡：1600 多歲
血型：絹型
職業：畫卷

個人檔案

親戚朋友： 女史箴圖（原本） ?? 嘻說我丟了？

女史箴圖（宋摹本） 我現在住在故宮博物院

原居住地： 北京圓明園　　現居住地： 大英博物館

江湖地位： 現存 **最早** 的中國絹畫

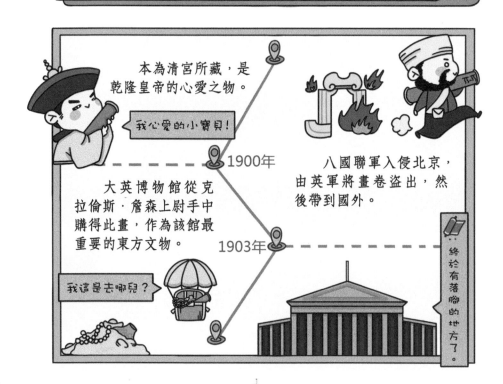

本為清宮所藏，是乾隆皇帝的心愛之物。

我心愛的小寶貝！

1900年

八國聯軍入侵北京，由英軍將畫卷盜出，然後帶到國外。

大英博物館從克拉倫斯・詹森上尉手中購得此畫，作為該館最重要的東方文物。

1903年

我這是去哪兒？

終於有落腳的地方了。

我聽說這位女史箴圖姐姐在中國繪畫史上的地位非同一般，很多人坐了十幾個小時的飛機趕來就是為一睹她的芳容。

《女史箴圖》

而即便在各種重量級文物雲集的大英博物館裏，女史箴圖姐姐也是豔壓羣芳，備受追捧呢！

走！去博物館！

先給你們介紹兩個人吧，正是有了他們，才有了我。

大家好，我是張華，張華的張，張華的華。

張華

大家好，我是顧愷之，我超喜歡畫畫，他們都叫我繪畫小天才。

顧愷之

11

寫

畫

小張同學寫了一篇文章，標題就叫《女史箴》，小顧同學將這篇文章分為12段，為每段文字分別配了圖。

於是，中國繪畫史上的曠世名作《女史箴圖》就此問世。

《女史箴》這篇文章是講女史箴這個人的嗎？

才不是呢。

女史箴

「女史」是一種官名。女史是中國古代宮廷裏的女官，經常侍奉在皇后左右，隨時記載言行並制定嬪妃應遵守的規章制度。

「箴」就是規勸、勸誡的意思。

那張華是要勸誡人嗎？

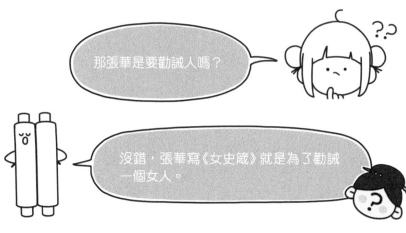

沒錯，張華寫《女史箴》就是為了勸誡一個女人。

這個女人就是晉惠帝的皇后──賈南風。

皇后皇后，你為甚麼叫賈南風啊？

老爺，夫人生了個小姐，請老爺賜名。

南風習習，就叫賈南風吧！

公元 290 年，晉惠帝司馬衷登基，他是歷史上有名的「愚帝」。

有一年，鬧了大饑荒，莊稼顆粒無收，老百姓沒有糧食吃，只好挖草根、吃樹皮，但還是有很多人被活活餓死。

晉惠帝聽到這個消息後大為不解，疑惑地問大臣：「老百姓沒米飯吃，為甚麼不去吃肉粥呢？」

晉惠帝昏庸無能，朝中大權盡落於皇后賈南風之手。而這位皇后不但性情暴躁，而且專權殘暴、荒淫無度，引起朝中眾臣的強烈不滿。

大臣張華實在是看不下去了，但又不便直接跟皇后說，於是收集了歷史上各代賢妃聖女的事跡，寫成了《女史箴》來勸誡和警示她。

《女史箴》講的是宮廷女性應該具有的操守品德，在說理的同時輔以舉例，使得故事跌宕起伏，非常生動。

張華死後又過了幾十年，顧愷之根據原文內容分段作畫，把故事用生動形象的畫面表現了出來。

你們想不想聽聽這些故事？

想！想！

搬好板凳

聽故事！

準備好了嗎？那我們就開始吧！

宮廷優秀婦女事跡分享會

首先，有請馮婕妤上台，大家掌聲歡迎。

我今天要分享的主題是：危難時刻勇擋黑熊。

終於輪到我露一手啦！

有一次，漢元帝帶領後宮眾人看動物表演。有幾位嬌滴滴的娘娘陪在旁邊，漢元帝特別高興。不料，有一頭黑熊突然跳出了圍欄，向漢元帝撲來，嚇得美人們花容失色，侍衛們抱頭鼠竄。

黑熊出場

漢元帝更是驚慌失措。在這千鈞一髮之際，馮婕妤臨危不懼，挺身而出，以嬌弱的身軀擋在漢元帝前面，護主救駕。

大熊，休得無禮。

我只是無聊，出來散步而已，看你們緊張成這個樣子。

馮婕妤果然是女中豪傑。

女俠

007

處亂不驚，絕對的「霸氣」女漢子。

第二位給大家分享心得的是班婕妤。

大家好，我是班婕妤，今天我分享的主題是：做個賢慧明理的女子。

班婕妤是漢成帝的妃子，漢成帝非常**喜歡**她。為了與班婕妤形影不離，漢成帝叫人做了一輛大輦車，以便出遊的時候讓班婕妤和他坐在一起，共賞風景。

班婕妤，你遇上好事啦！

天上掉的餡餅砸中你了！

???

這待遇在別的妃子眼裏可是求之不得的大好事，但班婕妤知道後，立馬拒絕了。

我就 不！

她委婉地對漢成帝說：「您看古代留下的那些圖畫，聖賢之君的旁邊都是大臣在陪同，只有那些亡國之君才與寵妃一起就坐。如果今天我和您同車進出，那您不就和那些亡國之君一樣了嗎？」

啊啊啊，我不想過去！

聖賢之君

亡國之君

漢成帝聽後一細想，覺得班婕妤說得很有道理，於是長歎了一口氣，打消了同輦出遊的想法。

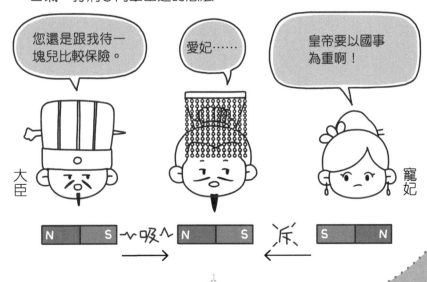

您還是跟我待一塊兒比較保險。

愛妃……

皇帝要以國事為重啊！

大臣

寵妃

N S ～吸～ N S 斥 S N

接下來，有請一位優秀的宮女代表，她對如何兼有內在美和外在美頗有心得。

大家好啊！下面，我來談談如何成為一名內外兼修的女子。

女孩子都希望自己乾乾淨淨、漂漂亮亮的，所以會對着鏡子梳好看的髮型、搽胭脂、抹口紅以及佩戴一些飾品，把自己裝扮得更美。但是，外表光鮮亮麗就是真的美嗎？

答案是否定的！

一個美好的女孩子不僅要外表美，更重要的是要有內在美——高尚的品德、善良的內心、溫和的性情，這些才能讓人真正由內而外散發出魅力。

分享會緊張又熱烈地進行着……

接下來，讓我有請……

今天的「宮廷優秀婦女事跡分享會」到這裏就結束了，感謝大家。

咦，您不是說過顧愷之把《女史箴》分成了12段，每段都配了圖嗎？現在，只有9位優秀代表上了台，怎麼就結束了呢？

我確實有12段，但由於我年歲已高，歷經了各種顛沛流離、戰火紛飛的歲月，早已是殘破之軀，流傳至今的就只有剛才展示的9段了。

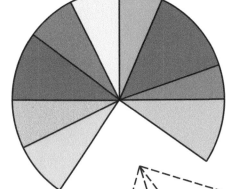

殘了就殘了吧！

唉……

顧愷之是東晉著名的大畫家，他博學多才，擅長吟詩作賦，不僅寫得一手漂亮的書法，在繪畫上更是造詣非凡，對中國傳統繪畫的發展起了非常重要的作用。

當時，人們稱之為三絕：畫絕、文絕和痴絕。

畫絕！

文絕！

痴絕！

技多不壓身。

顧愷之筆下的人物美麗嫻靜，五官細緻入微，情態自然大方，充滿了動感與活力。一個個栩栩如生，特別傳神。連衣服的褶皺都像水波一樣翻轉，長長的飄帶宛若流雲。

哈哈哈

線條太美妙，「滑梯」好順溜。

親身體驗，真的很順滑哦！

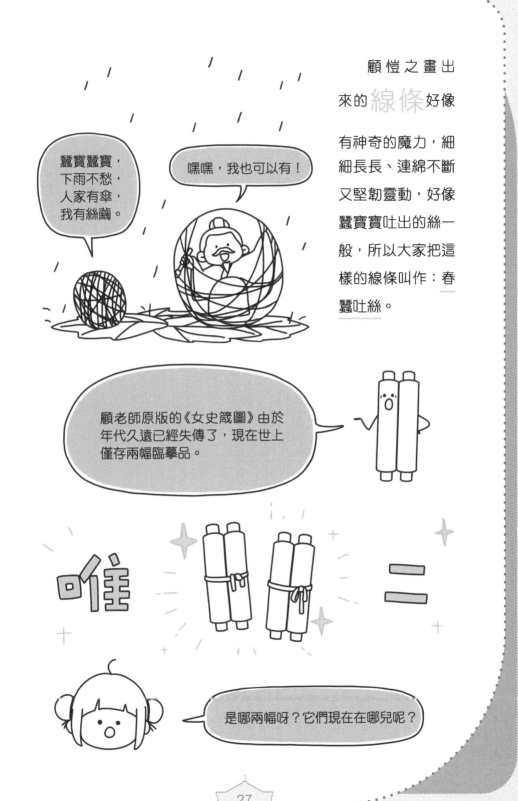

顧愷之畫出來的 線條 好像有神奇的魔力，細細長長、連綿不斷又堅韌靈動，好像蠶寶寶吐出的絲一般，所以大家把這樣的線條叫作：春蠶吐絲。

蠶寶蠶寶，下雨不愁，人家有傘，我有絲繭。

嘿嘿，我也可以有！

顧老師原版的《女史箴圖》由於年代久遠已經失傳了，現在世上僅存兩幅臨摹品。

唯 二

是哪兩幅呀？它們現在在哪兒呢？

一幅是北京故宮博物院收藏的宋人摹本，其筆意、色彩不能算是上品，價值不高；另一幅就是我們今天拜訪的這位了，她是唐摹本，風格古樸，色澤鮮豔，是公認的畫中極品。

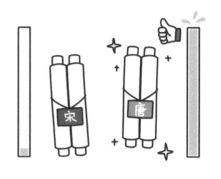

畫卷上歷代題跋、簽章就佔據了一半的位置，而且每一個在上面留有名字的人都聲名顯赫，無一不是響噹噹的人物。

這幅畫我必須擁有！

宋代集書畫家、鑒定家、收藏家於一身的米芾

佩服，佩服！

明代著名畫家、書法家、繪畫理論家董其昌

一個字——絕！

明代著名鑒賞家項墨林

美呆了⋯⋯

大清乾隆皇帝

顧愷之如同一顆燦爛無比的明星，照耀着中國繪畫藝術的千秋長河，為後人留下了寶貴的藝術遺產。

小博士加油站

▼

跟你們說哦，我還有一幅名滿天下的大作。

嘖嘖嘖，那叫一個漂亮，那叫一個精彩！

散發着得意光芒的顧愷之

它就是——《洛神賦圖》！

悄悄

那可是中國十大傳世名畫之一呢。

《洛神賦》出自三國時期的大才子曹植之手，整篇文章想像豐富，文筆華麗優美，描寫了曹植與洛水女神之間真摯純潔的愛情故事，動人心魄。相傳，顧愷之讀了《洛神賦》之後非常感動，於是費盡心力創作了這幅長卷，畫作採用連環畫的形式，富有詩意地將文字的意境完美地傳達出來。

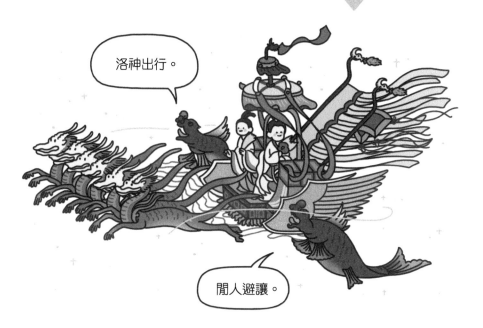

洛神出行。

閒人避讓。

可是，令人歎息的是顧愷之的真跡已失傳，現在傳世的是宋代的四件摹本，分別收藏在北京故宮博物院（二件）、遼寧省博物館（一件）和美國弗利爾美術館（一件）。

北京故宮博物院

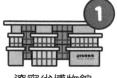

遼寧省博物館

美國弗利爾美術館

小博士遊樂場

顧愷之的神來之筆讓我們看到了古人的風采，那麼小朋友們想不想嘗試一下用手中的畫筆來和大畫家比試比試呢？讓我們一起來畫一畫古裝的卡通小人吧！

漢代女子

美麗如我！

漢代名士

又是被自己帥醒的一天！

第二站

三 菩 薩 壁 畫

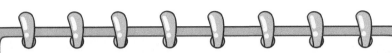

個人檔案

姓名：三菩薩壁畫

年齡：596 歲

血型：泥粉型

職業：壁畫

原居住地：河北行唐縣清涼寺　　現居住地：大英博物館

江湖地位：大英博物館收藏的單幅壁畫中面積最大、畫幅最高的壁畫作品，也是中國館的鎮館之寶之一。

●1424 年至 1468 年

我開始畫啦。

1424 年

1468 年

我修繕完啦。

山西五台山僧人

●● 1468 年至民國時期

一直靜靜待在清涼寺，享受大家崇拜的目光。

●●● 民國時期

三菩薩壁畫被人強行揭取，並被分割成 12 塊運走。

●●●● 1927 年

收藏家

喬治·尤摩弗帕勒斯

三菩薩壁畫被大英博物館收藏。清涼寺也日漸衰落，最終在戰火中被損毀殆盡。

它到底有甚麼魔力吸引人們流連忘返呢？

在大英博物館，有幅神奇的壁畫，人們但凡路過它，都會停下腳步，細細觀看。

我們實在是太好奇了！

走！去博物館！

哇！

我覺得壁畫上的菩薩好像隨時會從畫上走下來一樣。

我覺得他們看我的眼神好慈祥。

是小滿和大力吧？終於等到你們來了！

壁畫先生，您好！

看到從祖國來的小朋友，可真高興！真想念我的家鄉啊！

陷入

美好

回憶……

我的老家在河北行唐縣，那裏風景如畫，民風淳樸。
我就住在清涼河邊的清涼寺裏。

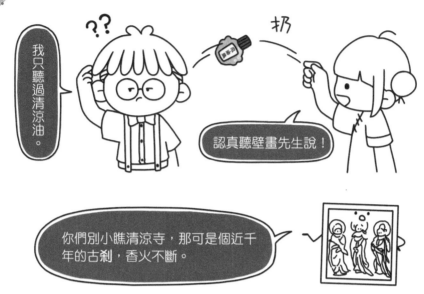

清涼寺建於 **1183** 年，而這幅三菩薩壁畫是<u>五台山寺院派僧人到清涼寺繪製的</u>。

五台山是中國的**四大佛教名山之一**，與清涼寺淵源頗深。清涼寺住持是五台山寺院派遣的高僧。清涼寺直屬五台山寺院管理，是其主要組成部分。

每年六月初六至七月初六，五台山舉辦大廟會時，南方的僧侶們成羣結隊地上五台山進香，路過清涼寺，都要在此休息幾天，再向北進發，所以清涼寺也被大家稱為「歇腳寺」。

清涼寺大殿中的三菩薩壁畫更是名揚天下。明清兩代的文人學者、達官顯貴、得道高僧，來到五台山時都會到此一遊，專門來欣賞壁畫，領略風采。

壁畫先生，您能給我們介紹一下您身上畫的三位菩薩嗎？

我身上這三位可都是大名鼎鼎的重量級神仙。

低調　　低調

畫面上的三尊菩薩像面龐豐腴，體態雍容，衣飾華麗。中間的菩薩就是**觀世音**，他頭戴寶冠（冠上有阿彌陀佛像），手裏拿着佛珠。

看着好慈祥啊。

小朋友們好，這是我在電視劇《西遊記》（1986年版）裏的造型，我對造型師的發揮表示滿意。

觀世音菩薩我知道，在《西遊記》裏，您可是幫了孫大聖不少的忙呢！

左邊這位是 **普賢菩薩**，他手裏拿着的法器叫拂塵，頭冠上有三寶。

↑
拂塵

要不要試試我這拂塵的厲害？

如意

這如意就不用我多介紹了吧！

右邊這位是 **文殊菩薩**，他的頭冠上也有一尊佛像，他手裏拿着一柄如意。

咦，菩薩們腦袋後面圓圓的是啥呢？大月亮？

 這可不是大月亮，這叫**頭光**，代表着佛法的威儀。

 菩薩們好！

 初次見面，請多多關照！

其實，左、右這兩位菩薩你們應該見過。

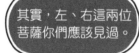

 一臉疑惑？？

還記得《西遊記》裏的獅駝嶺嗎？

獅 駝 嶺

點頭

那裏有三個超厲害的老妖怪！！

生氣

這恐怕是有甚麼誤會吧，我們才不是妖怪，我們也是神仙！

唐僧師徒四人取經途中路過獅駝嶺，遇到獅子精 、黃牙老象 和大鵬金翅鳥 ，經過一番激烈的廝殺，師徒四人都被妖怪抓了去。後來菩薩出面，才降伏了這幾個妖怪。

關鍵時刻還是要大佬來撐場面啊。

獅子精就是<u>文殊菩薩</u>的坐騎，黃牙老象則是<u>普賢菩薩</u>的坐騎。

我們的小可愛們給你們添麻煩了，真是萬分抱歉啊！

我先回五台山去給弟子們上課了，再見啊！

我也要去峨眉山看看，上次留的那些課後難題不知道他們參透了沒有。

出發

五台山

峨眉山

菩薩們的教學任務也這麼繁重嗎？

啥是**道場**？

菩薩們要講經說法、普度眾生，當然忙了。而五台山和峨眉山就分別是文殊菩薩和普賢菩薩的道場了。

道場就是菩薩顯靈說法的場所。

中國有非常著名的**四大佛教名山**，
它們也是佛教中四大菩薩的道場。

我們每個人都有自己的地盤，不要搞錯了哦！

五台山

←文殊

九華山

← 普賢

峨眉山

地藏

普陀山

觀世音 →

五台山因為佛教寺院歷史悠久、規模宏大，位居全國佛教四大名山之首呢。

一臉傲嬌

可惜您現在在大英博物館，大家去五台山的路上，即便走到了清涼寺，也見不到您了。

話是這麼說，不過，我「身在曹營心在漢」，無時無刻不在關注着家鄉的進步、祖國的發展。

說來還要感謝這位有心人，幫我「回」了家。

啊，這個人是誰呀？他做了甚麼？

這位有心人就是郝建文了！小郝，感謝你！

呵呵，您過譽了，讓更多的中國人不出國門也能一睹您的風采，這是我的心願。

郝建文是河北博物院的一名研究人員，他組織發起了一項很有難度的工程——清涼寺壁畫臨摹複製工程，共有 26 位「壁畫義工」參與其中，一起來完成這項很有意義的工作。

疊！

大家加油啊！

大家夜以繼日地投入到創作中，克服了重重困難，用了近一年的時間，終於完成了這幅壁畫的臨摹工作。

2019 年 7 月 6 日，這幅臨摹的壁畫在石家莊美術館**第一次**正式與公眾見面，大家無不驚歎古人的妙筆匠心。

再次感謝那些默默付出的研究人員和「壁畫義工」們，讓我們在國內也能看到這幅精美絕倫的壁畫。

小博士會客廳

你們要是去敦煌，除了莫高窟，還有個窟一定要去。

它就是榆林窟。

有句話叫「沒去榆林窟，不算到敦煌」。

如果莫高窟是一顆璀璨的大鑽石，那榆林窟就是一顆絢麗的明珠。

普賢菩薩

尤其是榆林窟的第三窟，在西壁門南面有一幅我的絕美壁畫，真是驚世之作！

西壁門北面的那一幅畫畫的是我，也是如行雲流水，令人嘖嘖稱奇！

文殊菩薩

榆林窟**第三窟**是西夏時期的代表洞窟，裏面有栩栩如生的雕塑，也有精妙絕倫的壁畫，尤其是西壁門南面的《普賢變》和西壁門北面的《文殊變》兩幅壁畫，更是出神入化。

普賢菩薩頭戴寶冠，坐在六牙白象背着的蓮座上，有頭光、背光襯托。畫中的普賢菩薩神情優雅，慈祥和善，冠帶、披巾、衣袖、裙擺隨風飄動，腳下雲浪翻滾，仙氣縈繞。

文殊菩薩戴着寶冠，手裏拿着如意，目光專注，安詳地坐在青獅背着的蓮座上。在頭光、背光的襯托下，他顯得温文爾雅，身上的飄帶隨風飄揚，十分靈動。

小博士遊樂場

大家是不是跟我們一樣，對普賢菩薩和文殊菩薩的坐騎 ➔ 大象 和獅子 很感興趣呢？下面，我們一起來做兩款好玩的卡通大象和獅子胸針吧。

繪畫小課堂

手工小課堂

安全提示：請在爸爸媽媽的陪同下，安全使用剪刀喲！

準＋備材料
A4 紙
卡紙
水彩筆
安全剪刀
迴紋形針
膠水

1. 在 A4 紙上畫出圖形。

2. 用剪刀剪下一個圖形，備用。

3. 用卡紙剪一個大於頭像的小圓片，並沿圓片上的虛線剪開。

4. 將迴紋針穿過圓片。

5. 將圖形貼在圓片上。

6. 胸針完成啦！

第三站

大 維 德 花 瓶

個人檔案

哥倆好~

姓名：大維德花瓶

職業：擺件（供奉器）

血型：瓷型

出生地：景德鎮

出生年份：元代

曾用名：至正青花雲龍紋象耳瓶

原居住地：婺源某寺廟　現居住地：大英博物館

哇，有具體年份！

江湖地位：最早帶紀年款的元青花作品，最著名的存世元青花。

1351 年，誕生於江西景德鎮。

1927 年，大維德爵士買到了第一隻瓷瓶。

我們甚麼時候能回國看看啊？

從現在開始，我們要住在這裏啦！

大英博物館　　倫敦大學亞非學院

見鬼視!

1935 年，大維德爵士以 360 英鎊在拍賣會上買到第二隻瓷瓶。

在大英博物館有個特別著名的展廳——95 號展廳。

它是中國瓷器展廳，在那裏總能看到膚色各異、說着各種語言的人。他們的眼睛瞪得大大的，嘴巴張得大大的，忍不住發出各種讚歎聲！

而我們今天要去看的可是瓷器館裏面的大明星。

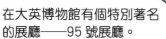

走！去博物館！

中國瓷器館（95 號展廳）

小滿、大力好，我們代表中國瓷器館所有的瓷器朋友熱烈歡迎你們！

大英博物館工作人員

大維德花瓶兄弟可是我們這裏的明星，兩位小朋友的面子可真大！

大維德花瓶是大英博物館的重要展品，平時，它們就被放在95號展廳的入口處。這也表明了它們與眾不同的身份。

歡迎參觀

你瞅瞅大維德花瓶的花紋，真是絕了！

哇，大維德花瓶可真漂亮！

大維德花瓶，我們合個影吧！

瓷瓶大哥，大家為甚麼要叫你們大維德花瓶呢？

這都不懂，這叫入鄉隨俗，在英國就要起個地道的英文名字嘛！

那倒不是。

女史箴圖（唐摹本）

三菩薩壁畫

我們就沒有英文名啊。

我們叫這個名字是因為一個老人，一個外國人。

還能被你們惦記，真是我的榮幸。

誇得我都不好意思了！

害

羞

在山的那邊、海的那邊有一位英國老人，他是世界頂級的<u>中國瓷器收藏家</u>，被稱為20世紀英國乃至世界上最有**實力**和最有**影響力**的中國文物收藏家。

我們兄弟倆能團聚還要感謝這位大維德先生。

拼

瓷瓶兄弟倆之所以被稱為「大維德花瓶」，是因為它們是由大維德先生從私人收藏家手中分別購得的。

幾經周折，大維德先生終於使這對珍貴的青花雲龍紋象耳大瓶在異國他鄉得以重聚，後來，大家就用他的名字來為這對瓷瓶命名了。

大維德先生是一個充滿傳奇色彩的人物。他出生在英國殖民地印度孟買的一個富裕的猶太裔家庭裏，他的父親是當地著名的銀行家，他可以算是一個不折不扣的富二代。

難怪任性！

他從小就對中國文化很着迷，尤其對瓷器更是癡迷。為了更好地了解中國文化，大維德先生還自學了中文，並在 1924 年第一次來到了中國的北平（現在的北京）。

學好中文，走遍中國。

孔夫子的話愈來愈國際化……

註：此句為歌詞。

故宮先生，讓我為您做些事吧！

後來，大維德先生多次往返於中英之間，參與了故宮許多文物的整理工作。他還捐過一筆錢，用於故宮建築的修繕和陳列櫃的購買。他自己也通過各種渠道，買下了很多清宮的舊藏，其中的一部分，我們現在在大英博物館的 95 號展廳裏還能見到。

大維德爵士收藏的上千件珍貴的中國瓷器，最後都捐贈給了倫敦大學亞非學院。1950 年，亞非學院為大維德爵士建立了博物館，取名為：

「大維德中國藝術基金會」。

　　但是由於財務的原因，2007 年，這個基金會關閉 了。2009 年，這些藏品由大英博物館接管，陳列於 95 號展廳，向公眾開放展出。

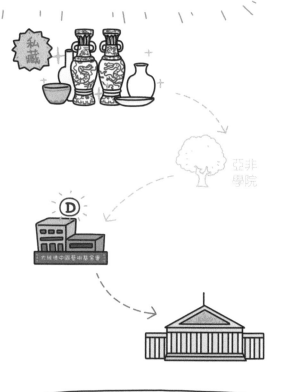

看到你們有個好的歸宿，我也就放心了。

原來，瓷瓶先生經歷了這麼多！

咦，瓷瓶大哥，你們脖子上畫的是甚麼花紋啊，怎麼看着像文字？

說的就是這些

沒錯，我的脖子上有六十二個字的題記，我身上的比較清晰，我弟弟的有些模糊。

你們可不要小看這些文字哦，它們可重要呢。

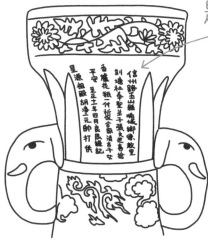

題記：

信州路玉山縣順城鄉德教里荊塘社奉聖弟子張文進，喜捨香爐花瓶一付，祈保合家清吉，子女平安。

至正十一年四月良辰謹記，星源祖殿胡淨一元帥打供。

學霸上身

小滿，你看懂這篇小古文的意思了嗎？

信州路玉山縣順城鄉德教里荊塘社

這個說的是地點。

張文進應該就是一個信徒，是這對瓷瓶的供奉者。

奉聖弟子張文進

喜捨香爐花瓶一付，

他供奉了一對香爐、一對花瓶。

供奉的原因就是想祈求全家幸福，孩子平安。

祈保合家清吉，子女平安。

至正十一年四月良辰謹記，

這個說的是供奉的時間。

我聽爺爺說過，星源就是婺源的古稱。

星源

祖殿胡淨一元帥打供。

這位胡淨一元帥就是張文進供奉的那位神仙啦！

張文進

小朋友解釋得沒錯哦，不過還漏了個重要的資訊，就是「至正」。

至正是元代最後一個皇帝順帝的最後一個年號，所以通過「至正十一年四月」這句話，我們就能確定這是甚麼時候的花瓶了。

至正十一年四月

＝

1351 年 4 月 26 日到 5 月 25 日

我就知道我很重要！

景德鎮

開玩笑，「瓷都」那可不是浪得虛名，我可有着源遠流長的歷史，全憑本事吃飯。

所以，我們可以確定這對花瓶是元代的青花瓷瓶，通過考證，我們還知道了它們是張文進從景德鎮瓷窯定製的，這說明早在元代，景德鎮就已經在燒製青花瓷器了。

但是可惜啊，那對香爐已經不知所終了。

不過還好，你們風采依舊。

這對青花瓷瓶在同類瓷瓶中算是大個子了，而且花紋也很複雜。如果兩個象鼻子把手也算一層紋飾的話，一共就有九層紋飾了。除了缺少人物畫，瓷瓶的花紋幾乎囊括了元青花繪畫的全部內容。

唉，我都被你們人類玩壞了。

後來，凡是花紋層次多、繪製內容類似的元青花，大家都統稱為「**至正型**」，足見這對瓷瓶的影響力。

1 號哥哥　　　　2 號弟弟

哪裏不一樣？

我看看！

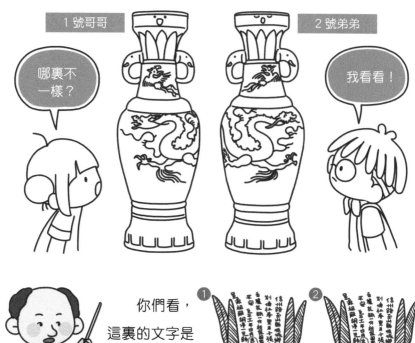

你們看，這裏的文字是不一樣的。

再看龍嘴部分，一條龍張着大嘴，另一條則閉着嘴巴。不過，它們都是細長而神氣的中國龍：有鱗，有鬍鬚，有鋒利的爪子。

此外，一個瓶子上有一隻鳳腦袋朝下，而另一個瓶子上是兩隻頭朝上的鳳。

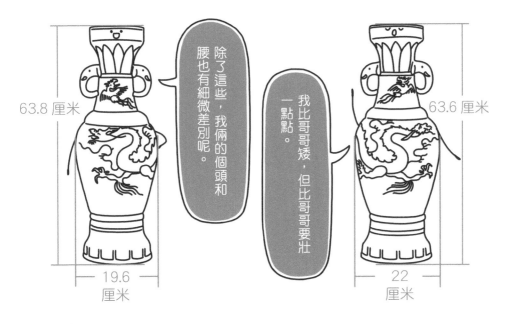

63.8 厘米

19.6 厘米

除了這些，我倆的個頭和腰也有細微差別呢。

我比哥哥矮，但比哥哥要壯一點點。

63.6 厘米

22 厘米

能親眼見到兩位，真是我們的榮幸呀！

希望有更多的中國小朋友能認識我們、了解我們。

小博士加油站

大力，考考你呀，春城是哪裏？

昆明。

山城呢？

重慶。

冰城呢？

哈爾濱。

羊城？錦城？日光城？

廣州！成都！拉薩！

那瓷都呢？

景德鎮！

士別三日，當刮目相看啊！

中國的瓷器舉世無雙，而景德鎮作為中國的「瓷都」更是名滿天下。景德鎮隸屬現在的江西省，原來並不叫景德鎮，因為宋真宗十分喜愛這裏燒製的青白瓷，就將此處賜名為「景德」（景德是宋真宗的年號），從此，「景德鎮」這個高大上的名字享譽全球。

從元代開始，景德鎮因得到皇家的資助，燒製了很多佳品，尤其是青花瓷，色澤明快的青花與晶瑩通透的白瓷胎相得益彰，呈現出水墨畫的特點，受到了大家的追捧。大量的景德鎮瓷器銷往國內外市場，迅速成為炙手可熱的「全球化商品」。

小博士遊樂場

古代的工匠 總有各種奇思妙想，讓我們也化身小設計師，來一些腦洞大開的設計吧。

漂亮的瓷器

示例花紋

中國傳統紋飾實在是太美啦！

在空白的瓷瓶上畫上好看的紋樣吧！

畫一畫

第四站

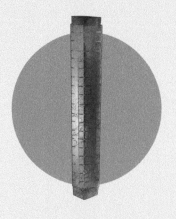

玉琮

個人檔案

姓名：玉琮

年齡：4500 多歲

血型：玉型

身高：49.5 厘米

我可是玉琮界的大高個了。

職業：禮器（我也是良渚文化最著名的玉器）

原居住地：浙江良渚地區　　現居住地：大英博物館

我倆是良渚禮器三兄弟！

家族成員：玉琮、玉璧、玉鉞

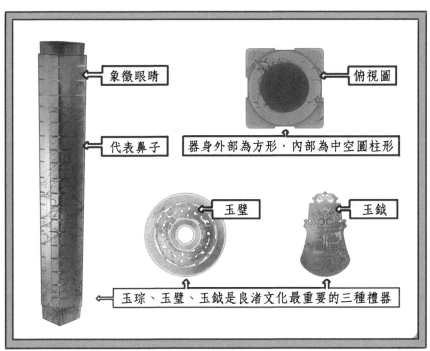

象徵眼睛

俯視圖

代表鼻子

器身外部為方形，內部為中空圓柱形

玉璧

玉鉞

玉琮、玉璧、玉鉞是良渚文化最重要的三種禮器

像單筒望遠鏡一樣的玉器，你們見過沒？

在大英博物館裏，住着一位玉琮爺爺，他來自我們中國古老的良渚文明，神祕又高貴。

像萬花筒一樣的玉器，你們看過沒？

話不多說，和我們一起去大開眼界吧！

走！去博物館！

小滿、大力，盼了好久了，終於見到你們啦！

玉琮爺爺好！

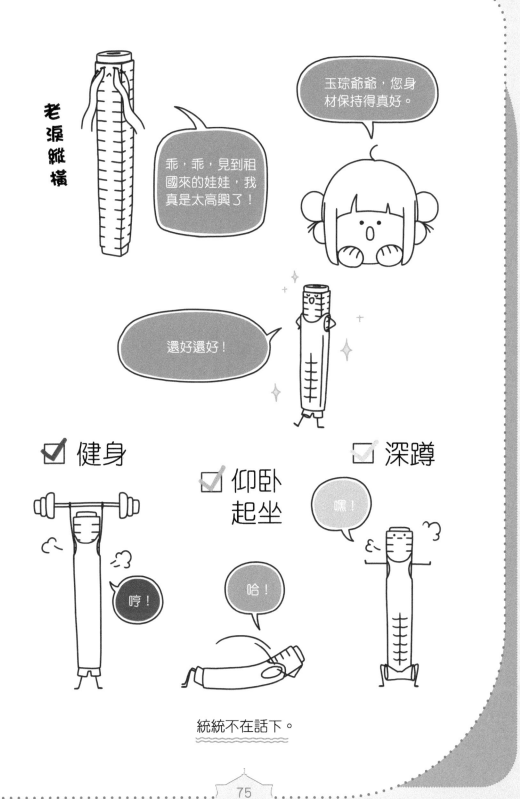

統統不在話下。

目前已知最高的玉琮之一。

造型別致，細節精美。

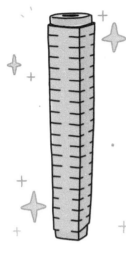

小滿，玉是一種很堅硬的礦石吧？

黑上豆頁

那四五千年前的良渚人是用甚麼工具把玉琮爺爺做出來的呢？

如何雕刻出如此精細勻稱的紋飾？

中間是怎麼掏出個大窟窿的？

76

百思不得其解

??

良渚人是長了
「金手指」嗎？

金手指

哈哈哈，關於聰明智慧的良渚先民到底是用了甚麼工具製作出大量精美玉器這個問題，各種猜測可是層出不窮。

我猜，是類似青銅的金屬工具。

甲

不是的，從目前的考古發掘來看，沒有任何證據證明良渚文化時期出現過金屬製作工具。

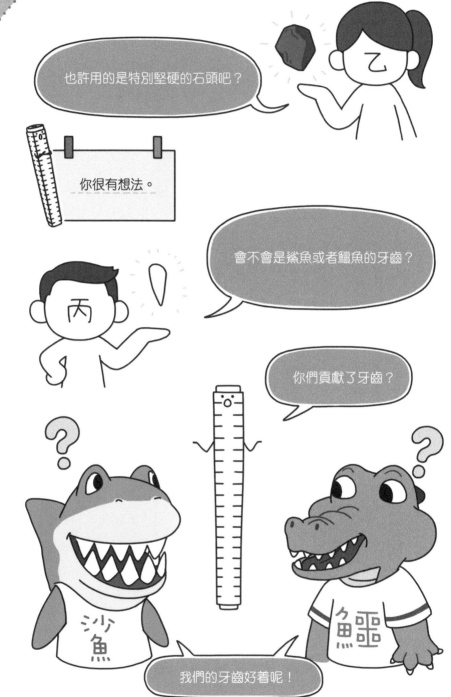

要有原材料，就需要去採玉。

良渚人居住的地區依山傍水，玉石原料主要來自周邊的大山，他們會去山中採集玉石。

挖玉石這個工作，我最喜歡了。

有了原材料之後，就要進行粗加工了。

粗加工一般會用到 三 件法寶。

法寶一

片狀的石器或者竹片

麻繩

法寶二

法寶三

解玉砂

這種細砂子也是法寶？

▶ 用石器或竹片配合有硬度的
解玉砂做直線切割。

解玉砂

這種方式叫**鋸切割**。

▶ 還可以用麻繩加水加解玉砂
進行切割。

這種方式叫**線切割**。

強烈懷疑

?!

這樣能切得斷這麼硬的玉石？

這個叫解玉砂，小東西可有大用處。

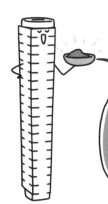

別小看我們，我們雖然個子很小，但是就是靠我們去跟玉石不斷摩擦，最終讓它們分開。

解玉砂

玉石

磨 擦 磨 擦——

—是魔鬼的步伐

啊——

衝鴨沒

他山之石，可以攻玉，說的就是我們了！

可是，玉琮爺爺，用您說的方法只能把玉石切開，但是您的身體是中空的，這是怎麼做到的呢？

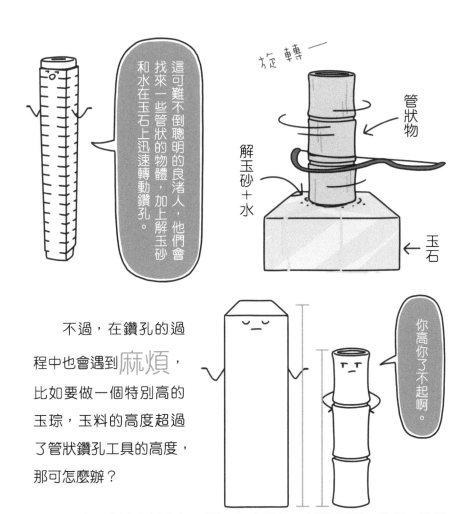

這可難不倒聰明的良渚人，他們會找來一些管狀的物體，加上解玉砂和水在玉石上迅速轉動鑽孔。

旋轉

管狀物

解玉砂＋水

玉石

不過，在鑽孔的過程中也會遇到麻煩，比如要做一個特別高的玉琮，玉料的高度超過了管狀鑽孔工具的高度，那可怎麼辦？

你高你了不起啊。

這時，良渚人就會把一頭已打磨好的玉料翻個面，從另一頭繼續鑽入。

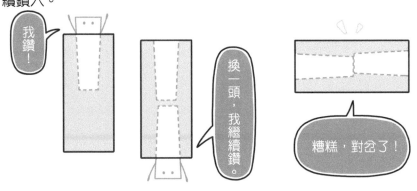

我鑽！

換一頭，我繼續鑽。

糟糕，對岔了！

慢慢地，隨着玉料加工
技術和加工工具的不斷改進，
單面鑽孔技術逐漸替代了
雙面鑽孔技術。

媽媽再也不用擔心
我跑偏了。

三 細加工

粗加工完成後，就是精雕細琢的細加工了。

細加工會用到燧石。

燧石也稱為火石，質地很
密實，非常堅硬。玉器上那些精
細的圖案就是用它來完成的。

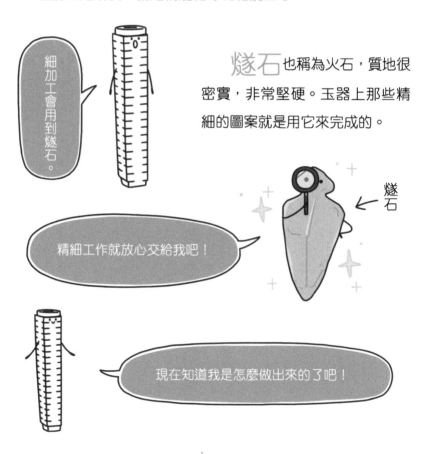

燧石

精細工作就放心交給我吧！

現在知道我是怎麼做出來的了吧！

玉料

粗切割

鑽孔

打磨

精細切割

完成

雕琢

玉琮爺爺，良渚人做這麼多玉器是用來幹嗎的呢？

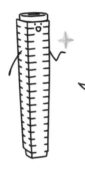

良渚文化創造了輝煌燦爛的玉文化，玉器在良渚人的生活中扮演了非常重要的角色。

作為禮器，
玉用於祭祀神靈，顯示身份地位。

玉琮

良渚遺址出土了很多**形態各異**的玉琮，有圓筒形的，有方柱形的；有些很高，有些很矮。

玉璧

玉璧是圓形的，中間有穿孔。

在《周禮》中有「以蒼璧禮天，以黃琮禮地」的說法。

天圓地方，怪不得古人用玉璧祭天，用玉琮祭地啊。

玉頂飾

玉鉞

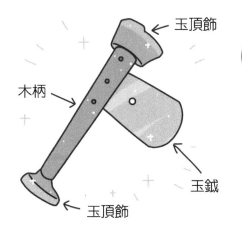

木柄

玉鉞

玉頂飾

玉鉞是良渚王國裏數量極少，等級非常高的玉器。

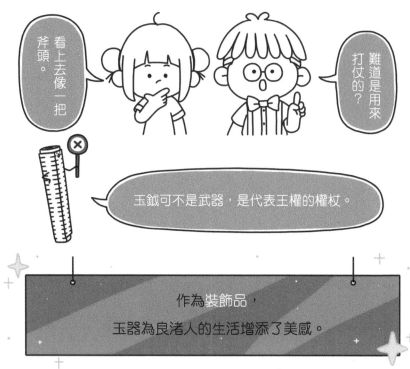

難道是用來打仗的？

看上去像一把斧頭。

玉鉞可不是武器，是代表王權的權杖。

作為裝飾品，
玉器為良渚人的生活增添了美感。

無論男女老少，他們都喜歡在身上佩玉，還喜歡在工具上或者生活器皿上鑲嵌玉。

玉玦

玉手鐲

臂鐲

玉璜串

我好看嗎？

玉三叉形器

冠帽

羽冠

成組的玉錐形器

玉管串

玉手鐲

我也不賴吧！

你們可真是土豪啊！

幾千年前的良渚人可真了不起，用一些簡單的工具就製作出了這麼多令人歎為觀止的玉器。

不但有大量玉器，勤勞聰明的良渚人還把日子過得有滋有味呢。

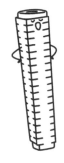

他們選擇了依山傍水的沃土**定居**下來，開始種植水稻。他們用石犁耕地，用石鐮收割，建起規模很大的糧倉，把稻穀晾曬後再存儲起來。

▶ 石犁耕地

石鐮收割 ▶

◀ 晾曬穀物

他們製作小舟，用木槳撥水，在水面上自由地划行。

他們製作各種捕撈工具：

　編織漁網。

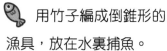　用竹子編成倒錐形的漁具，放在水裏捕魚。

　用石頭或者骨頭做成「魚鏢」，接上木柄，用來刺魚。

新菜品嚐會

是甚麼這麼香？哦，是我自己！

各種魚、蟹、蝦、貝類、螺類都成了良渚人餐桌上的美味。

為了獲取更多的食物，女人採集各種蔬菜瓜果：桃、杏、梅、菱角……

大家好！我們是酸酸甜甜組合！

男人則背上弓箭去打獵。除了打到鹿、野豬、野兔等就直接美餐一頓，他們還把野豬圈養起來，將其馴化成家豬。

豬兄，你可真是豬生贏家。

我不想過這種吃了睡、睡了吃的豬生了。

他們製作各種**陶器**，用來燒水、燒飯、儲存東西。

手藝 頂呱呱！

盆

盤

缸

鼎

豆

罐

純天然的布料。

舒適透氣。

買它！買它！買它！

他們還種植桑樹，養蠶取絲；使用苧麻，做成漂亮舒適的**麻布**衣服。

安居樂業

歲月靜好

四千多年前的良渚人用**勤勞**的雙手和**智慧**的頭腦創造了無比燦爛的良渚文化，留下了豐富寶貴的文化遺產，激勵着後人去繼承傳統、去開拓未來。

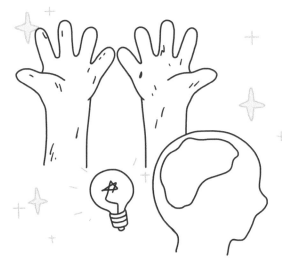

你們要繼續加油哦！

我們會努力的！先從好好學習開始！

小博士加油站

▼

翠柏路小學成語大賽

中國人對玉有着特殊的情感,玉在中國人心目中也佔據着非常重要的地位,是美好高潔的象徵。

紅

藍

下面進入本次大賽最後的一個搶答環節,根據題幹的提示,說出帶「玉」字的成語。

▼

第一題

用一個成語形容這位公子。

溫潤如玉。

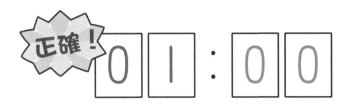 正確！ 01 ： 00

你能猜出這個成語嗎？

 第二題

 金枝玉葉。

正確！ 01 ： 01

 第三題

用一個成語形容這個過程。

化干戈為玉帛。

正確！ 02 ： 01

請說出畫面所表示的成語。

第四題

↖ 玉

瓦 →

寧為玉碎，
不為瓦全。

02 : 02

正確！

比賽進入了白熱化階段，目前 2：2 平局。下面最後一題，請看題目。

第五題

說出三個形容女性美好的帶「玉」字的成語。

亭亭玉立、如花似玉、冰清玉潔。

勝 利

小博士遊樂場

古人留下的詩詞中，也有許多帶「玉」字的精彩句子，跟着小滿、大力一起去接受挑戰吧。

根據圖畫寫出詩句。

_____

_____

_____

根據下面空格的提示，另紙填上恰當的詩句。

答案在本書中找哦

| □ | □ | □ | □ | □ | 一相逢， | □ | □ | □ | □ | □ | □ | □ | □ |

| □ | □ | □ | □ | □ | □ | ， | 藍田日暖 | □ | □ | □ | 。 |

| □ | □ | □ | □ | □ | ， | □ | □ | □ | □ | □ | ，高處不勝寒。 |

| □ | □ | □ | □ | □ | □ | □ | ， | □ | □ | 朱顏改。 |

第五站

三彩羅漢像

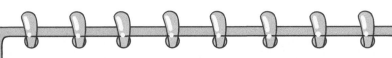

個人檔案

姓名：三彩羅漢像

年齡：1200 歲左右

坐高：103 厘米

血型：陶型

職業：佛教造像

原居住地：河北易縣八佛窪的某個山洞

現居住地：大英博物館

親屬關係：現存兄弟十人，其他九個兄弟分別住在加拿大、
美國、法國等國的公共博物館裏和日本的私人
博物館中。

真人大小，人體比例和結構很精確

面容古樸祥和

陶胎上敷三彩釉

袈裟自然下垂

雙手結禪定印

岩石形態的底座，與羅漢像是可以分離的

點頭

你們等下要去見的是一位修為高深的大師，他雖然看着又嚴肅又古板，實則非常溫和善良。

他喜歡安靜，可別大喊大叫呀！

捂嘴

走！去博物館！

大師，在嗎？

噓，輕聲一點兒，你忘記玉琮爺爺的囑咐了嗎？大師在靜修，我們不要吵。

噓

是小滿、大力嗎？

雙手合十

您整天一動不動地坐着發呆，會不會很無聊啊？

......

我不是坐着發呆，而是在思考人生，在領悟佛法。只有凝神靜氣，才有可能把平時那些想不通的問題想明白。

這麼厲害呀，那我也要好好坐坐，開動開動腦筋，最近，奧數都解不出來了。

踏上

坐着還有這效果？我也必須要試試。

大家平時去寺廟或者博物館看到的佛教造像，他們的雙手或手指常常會呈現出各種各樣的姿勢。這些各不相同的**手勢**，可一點兒也不簡單，它們是一種語言，表達着豐富的含義。

在佛教中，佛像的手勢也被稱為「手印」。最常見的有三種，我現在的這個手印就是其中的禪定印。

甚麼是**禪定印**呢？

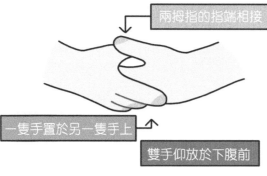

兩拇指的指端相接

一隻手置於另一隻手上

雙手仰放於下腹前

禪定印是很常見的手印，表示靜坐思考，以保持內心安定，去領悟佛法真諦。

哇，有意思！我也來試試！

挺胸

收腹

雙目平視

好累啊……

心中有信念，就不會累啦！

甚麼又是施無畏印呢？

佛祖用他的智慧，為信眾消除內心的恐懼，把勇氣帶給大家，引導眾生走上正道。這一手印，表示佛陀救濟眾生的大慈心願，據說能使眾生心安，無所畏懼。

五指自然伸展開來

掌心向外

右手上舉至胸前

還有一個是**說法印**。

這個手印是佛祖在<u>講經說法</u>時所結，象徵着佛祖說法之意。為了讓更多的人也能覺悟成佛、脫離煩惱，佛祖要為大眾講解佛法，所以佛祖的弟子一看到這個手勢就知道老師要來給大家上課了。

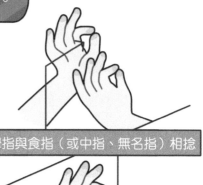

拇指與食指（或中指、無名指）相捻

其餘手指自然伸展開來

上課啦！！

安靜安靜！

噓。

原來，佛祖也要親自給大家上課呀！那您是佛祖的弟子嗎？

當然，這是我無上的榮幸。

那您一定是學霸吧？

不不不。

在佛祖釋迦牟尼的眾多弟子當中，有十位道行最出眾，他們的品德和才能得到了佛祖的讚許和眾僧的敬仰，所以他們是佛祖最為著名的十大弟子。

這些都是我的得意門生。

這些才是真正的學霸。

在佛教相關的雕塑或者繪畫作品中，我們常常能看到佛祖左右兩邊各站着一位弟子，**左手**邊的是迦葉，**右手**邊的是阿難，他們是十大弟子裏最為著名的兩位。

有請學霸代表。

鐺鐺鐺鐺，這位就是不苟言笑，老是一張苦瓜臉的迦葉了。

為人清廉

品性堅定

少慾知足

你們好！

迦葉

勤修苦行

你們好呀！

溫和友愛

聰明智慧

樂於助人

與人為善

阿難

這位就是活潑可愛的阿難了，他可是個虎頭虎腦的小機靈呢。

他們兩位常伴佛祖左右，與佛祖一起講經說法，普度眾生，是令人敬仰的尊者。

大師，您一個人孤零零地待着，一定特別寂寞吧？

我和我的兄弟們一別已近千年，往事歷歷在目，讓人痛徹心扉啊！

刀刀扎心

那是一段**動盪**的歲月……

當時，中華民國剛剛取代了大清朝，軍閥還在四處混戰，民不聊生，災禍肆虐。這時卻是「古董交易」最猖獗的「瘋狂年代」，很多不法份子昧着良心通過倒買倒賣，賺得盆滿缽滿。許多外國古董商也趁機渾水摸魚，在中國四處搜刮文物。

渾水摸古董的滋味，真是爽啊。

貝爾契斯基是個常年混跡中國文物圈的德國人。他在北京第一次看到一尊令他歎為觀止的三彩羅漢像時，就深深地被這尊精美的造像吸引。他正想設法將其買下來，但是日本人先下手為強，早一步從盜賊那裏買走了。

貝爾契斯基不甘心就這樣放棄，開始多處打探，最終得知：這尊羅漢像來自河北易縣八佛窪的某個山洞中。

噓，別告訴貝爾契斯基那個傻瓜。

貝爾契斯基先後**兩次**奔赴易縣，處心積慮地想非法收購這批羅漢造像瑰寶。但已經有不法古董商得知此消息，並趕在他之前勾結當地的村民將羅漢像偷偷運走了。

令人痛心的是，有部分羅漢像在運輸途中被打碎破壞。當地政府在獲悉此事後也曾採取措施，逮捕並懲處了一批不法竊賊，但為時已晚，沒能追回國寶。不久後，這些被偷運走的羅漢像就被倒賣到**西方各國**。至於那些羅漢像的碎片更是下落不明。

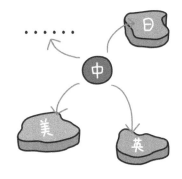

後來，貝爾契斯基還把自己在中國的經歷寫成了《中國行記》，詳細記錄了他在易縣尋找三彩羅漢像的經歷。

我的新書，多多捧場啊！

我算是明白了，只有自己真正強大了才不會被欺負！

這批珍貴的羅漢造像壞的壞，碎的碎，

迄今為止，已知完整存世的就只剩 10 尊了。

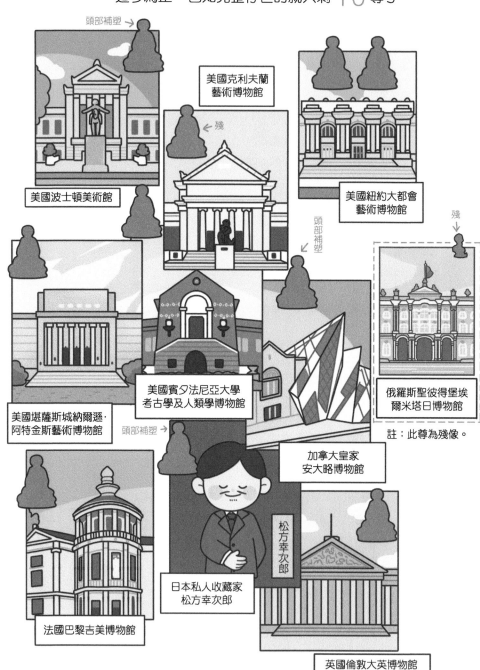

頭部補塑 →

美國克利夫蘭
藝術博物館

← 殘

美國波士頓美術館

美國紐約大都會
藝術博物館

頭部補塑

殘

俄羅斯聖彼得堡埃
爾米塔日博物館

註：此尊為殘像。

美國賓夕法尼亞大學
考古學及人類學博物館

美國堪薩斯城納爾遜·
阿特金斯藝術博物館

頭部補塑 →

加拿大皇家
安大略博物館

松方幸次郎

日本私人收藏家
松方幸次郎

法國巴黎吉美博物館

英國倫敦大英博物館

不知何時我們十兄弟才能再聚首了。

您別傷心，我手機裏有他們最新的照片和近況介紹，您先湊合着看看，解解思念之苦吧。

我的老天爺，現代科技真是了不起啊！

要不，我給您申請個帳號吧，你們建個羣，還可以語音聊天。

何為「帳號」？我只知道書信。

114

小博士會客廳

歡迎兩位尊貴的客人來小博士會客廳做客。

小朋友好。

迦葉

阿難

師兄，你太嚴肅了，多笑笑嘛，不然小朋友會不喜歡你的。

好吧，我努力一下。

師兄，你好像又瘦了，肋骨都可以用來彈琴了。

是嗎？我試試。

最近風餐露宿的，確實有點兒辛苦。

這次，我們認識了精美的三彩羅漢像，那麼關於兩位大師的其他精彩造像能給我們推薦一下嗎？

敦煌莫高窟裏就有很多，比如第 45 窟裏的造像就非常有名。

莫高窟第 45 窟 ▶

迦葉雙眉緊鎖，堅毅自信。

阿難目光柔和，睿智溫厚。

阿難眉清目秀。

迦葉老成持重。

還有第 419 窟，在那裏，我們的造像也很有代表性。歡迎小朋友去敦煌莫高窟參觀哦。

◀ 莫高窟第 419 窟

小博士遊樂場

逛了那麼久的博物館，一起來做做手工吧！

來做一個大英博物館的立體擺件吧！

小滿和大力

大英博物館

立體博物館

安全提示：
請在爸爸媽媽的陪同下，安全使用剪刀喲！

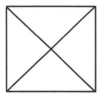

1. 將正方形卡紙沿對角線摺疊。

2. 如圖，畫出大英博物館建築輪廓圖並沿虛線剪開。

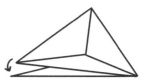

3. 將卡紙摺疊黏好，製成「立體博物館」，放一旁備用。

4. 在紙上畫出小滿和大力的形象，沿虛線剪開，備用。

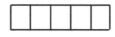

5. 準備長方形卡紙，並分成 5 等份。

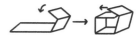

6. 將其摺成立體，並用膠水黏好。

7. 將立方體黏在小滿、大力的背面，製成立牌。

8. 將立牌貼在「立體博物館」底部。

9. 「大英博物館立體擺件」就完成啦！

晚宴的
新朋友

博物館工作人員

小滿、大力，歡迎你們來到大英博物館，我們準備了晚宴，邀請你們出席。

晚宴？那我們能見到更多的國寶朋友嗎？

那是當然。

盛裝

出席

小滿、大力，給你們隆重介紹一下幾位新朋友。

見到你們真高興！

綠釉陶望樓

姓　　　名：綠釉陶望樓
現居住地：33 號展廳 8 號展櫃
出生時間：東漢
身　　　高：86 厘米
　　　寬：36 厘米
血　　　型：陶土型
職　　　業：陪葬品
遷居日期：1929 年

東漢時期，由於土地可以自由
買賣，富有的地主和軍閥能夠獲得
大量土地，他們興建莊園，僱用那
些無田可耕或者負債累累的農民。
莊園主害怕外人襲擊莊園，搶走他
們的財物，就建起望樓，讓人站在
上面巡查，一旦發現可疑情況，就
可以立即組織人手保衛莊園。

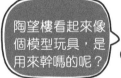

陶望樓看起來像
個模型玩具，是
用來幹嗎的呢？

考古工作者在東漢墓穴中常常發現為來世生活準備
的人物、房屋和農舍的陶器模型。因此，這座三層高
的望樓模型很可能來自當時一位頗有權勢的地主或
官員的墓葬。

朋友們好呀！

青花徽章和題字紋克拉克瓷碗

姓　　　名：青花徽章和題字紋
　　　　　　克拉克瓷碗
現居住地：33 號展廳 43B 展櫃右區
出　生　地：江西景德鎮
出生時間：明萬曆年間
身　　　高：17.3 厘米
直　　　徑：34.6 厘米
職　　　業：餐具
遷居日期：1957 年

這個碗的圖案確實很特別。外壁繪有四個盾形紋章，每個紋章中都有一條怪蛇，每條怪蛇都長着一對人頭和五個獸頭。紋章兩側的飄帶上還寫着拉丁文諺語「Septenti nihil novum」（於智者無奇聞）。

這個碗的圖案好奇怪哦。

咦，為甚麼還會有字母文字呢？

與這個碗有着相同徽章紋飾和拉丁文格言的青花瓷碗，現還收藏在位於葡萄牙里斯本的桑托斯宮，由此，我們可以推斷，這種類型的瓷器應該是為葡萄牙市場專門定製的。

這隻碗屬於明代晚期生產、主要用於出口的青花瓷，在西方被稱為「克拉克瓷」。這個名字源自葡萄牙商船 Carraca，正是這艘船第一次將這種類型的瓷器運往歐洲。

你們好呀！

汝窯青釉盞托

汝窯在北宋被定為官窯，如今存世的汝官窯瓷器不足一百件，這使得汝窯瓷器更加彌足珍貴。

我們在河南博物院裏已經認識了汝官窯天藍釉刻花鵝頸瓶姐姐，知道了汝窯瓷器的特點和製作工藝。汝窯瓷器造型簡潔大氣，尤其是它「雨過天晴」般的顏色更是一絕。

現代科學家已經證明，我身上這種細膩的藍色是由溶解了的氧化鐵和少量的二氧化鈦造成的。

2000 年，考古工作者在河南寶豐縣清涼寺村附近發現並清理出 15 座窯爐，出土了兩間作坊和大量汝窯殘片，從而證明了 1086 年到 1125 年間汝窯曾有過短暫而密集的生產。這件青釉盞托應當就是在這段時間生產的。

見到你們真高興！

姓　　名：引路菩薩圖
現居住地：33 號展廳
原居住地：敦煌莫高窟藏經洞
出生時間：唐
身　　形：高 80.5 厘米
　　　　　寬 53.8 厘米
血　　型：絹型
職　　業：繪畫
遷居日期：1909 年

引路菩薩圖

這是一幅非常珍貴的唐代絹畫，描繪了菩薩引領着一位已去世的信女前往極樂世界。

　　畫中菩薩手裏拿着香爐和蓮花枝，身穿色彩繽紛的天衣，還掛着流光溢彩的瓔珞，整體造型雍容華麗。菩薩身後信女的裝扮是典型的盛唐時期流行的婦女裝束。畫師將信女的身形畫得很小，目的是突出菩薩的莊嚴和偉大。

這幅引路菩薩圖來自敦煌莫高窟的藏經洞，大英博物館現藏有 240 多幅來自藏經洞的絹本和紙本繪畫。

希望有機會我們能在祖國再見面！

能見到各位國寶大人，我們真是太幸運了。

一起來拍張合照吧！

博物館
通關小列車

親愛的小朋友，拜會了這麼多大英博物館的文物朋友，你有沒有記住它們的特點？相信你聰明的小腦袋一定學到了不少的知識，下面，就和小滿、大力一起登上小博士號通關小列車，來看看自己是不是已經收穫滿滿了吧。

連一連

1　它們找不到自己的主人了，快來幫幫他們吧。

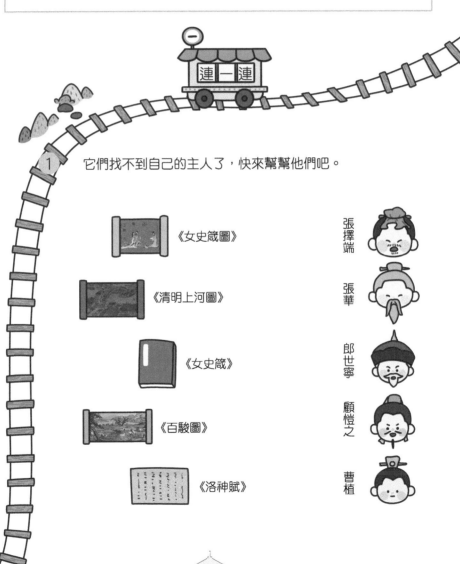

《女史箴圖》

《清明上河圖》

《女史箴》

《百駿圖》

《洛神賦》

張擇端

張華

郎世寧

顧愷之

曹植

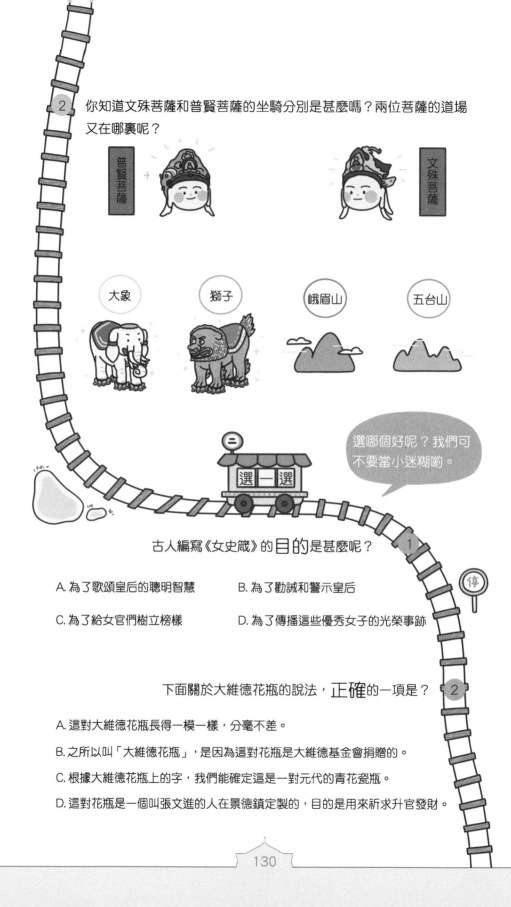

你知道文殊菩薩和普賢菩薩的坐騎分別是甚麼嗎？兩位菩薩的道場又在哪裏呢？

普賢菩薩

文殊菩薩

大象　　　獅子　　　峨眉山　　　五台山

選一選

選哪個好呢？我們可不要當小迷糊喲。

古人編寫《女史箴》的目的是甚麼呢？

A. 為了歌頌皇后的聰明智慧　　　B. 為了勸誡和警示皇后

C. 為了給女官們樹立榜樣　　　D. 為了傳播這些優秀女子的光榮事跡

停

下面關於大維德花瓶的說法，正確的一項是？

A. 這對大維德花瓶長得一模一樣，分毫不差。

B. 之所以叫「大維德花瓶」，是因為這對花瓶是大維德基金會捐贈的。

C. 根據大維德花瓶上的字，我們能確定這是一對元代的青花瓷瓶。

D. 這對花瓶是一個叫張文進的人在景德鎮定製的，目的是用來祈求升官發財。

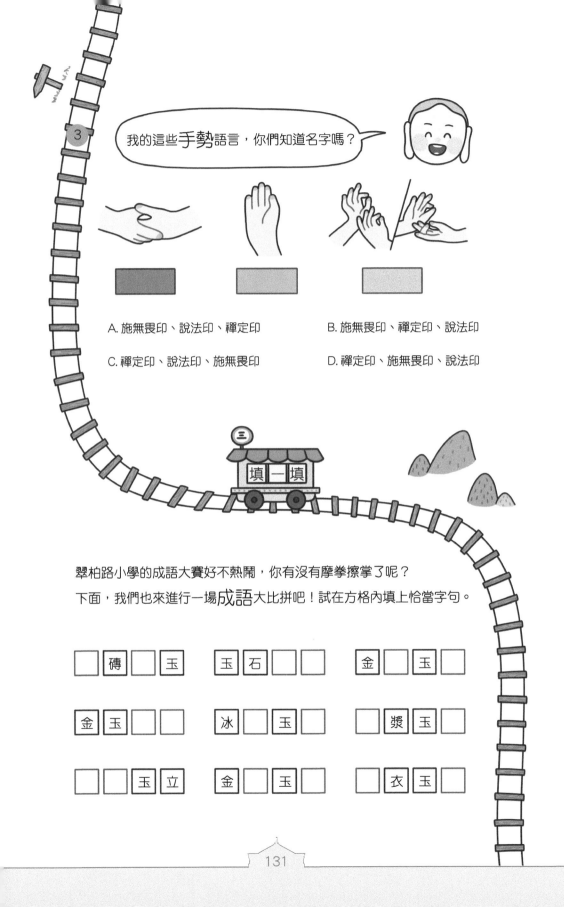

3 我的這些**手勢**語言，你們知道名字嗎？

A. 施無畏印、說法印、禪定印　　　B. 施無畏印、禪定印、說法印

C. 禪定印、說法印、施無畏印　　　D. 禪定印、施無畏印、說法印

填一填

翠柏路小學的成語大賽好不熱鬧，你有沒有摩拳擦掌了呢？

下面，我們也來進行一場**成語**大比拼吧！試在方格內填上恰當字句。

| □ | 磚 | □ | 玉 | | 玉 | 石 | □ | □ | | 金 | □ | 玉 | □ |

| 金 | 玉 | □ | □ | | 冰 | □ | 玉 | | □ | 漿 | 玉 | □ |

| □ | □ | 玉 | 立 | | 金 | □ | 玉 | □ | | □ | 衣 | 玉 | □ |

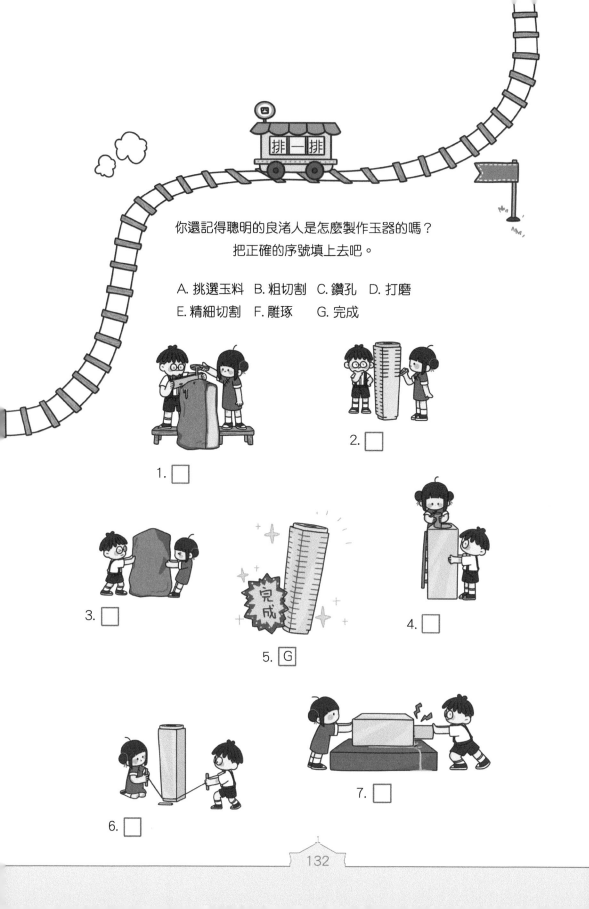

你還記得聰明的良渚人是怎麼製作玉器的嗎？
把正確的序號填上去吧。

A. 挑選玉料　B. 粗切割　C. 鑽孔　D. 打磨
E. 精細切割　F. 雕琢　　G. 完成

1. ☐

2. ☐

3. ☐

4. ☐

5. G

6. ☐

7. ☐

我是答案

一　連一連

1. 《女史箴圖》　　　　張擇端
《清明上河圖》　　　張華
《女史箴》　　　　　郎世寧
《百駿圖》　　　　　顧愷之
《洛神賦》　————　曹植

2. 普賢菩薩　　　殊菩薩

大象　　獅子　　鵝眉山　　五台山

二　選一選

1. B　　2. C　　3. D

三　填一填

抛磚引玉　　玉石俱焚　　金童玉女

金玉良緣　　冰清玉潔　　瓊漿玉液

亭亭玉立　　金口玉言　　錦衣玉食

四　排一排

1. B　　2. F
3. A　　4. G　　5. D
6. E　　7. C

附　P97 答案

小時不識月，呼作白玉盤。　　　碧玉妝成一樹高，萬條垂下綠絲絛。
羌笛何須怨楊柳，春風不度玉門關。　洛陽親友如相問，一片冰心在玉壺。

金風玉露一相逢，便勝卻人間無數。
滄海月明珠有淚，藍田日暖玉生煙。
我欲乘風歸去，又恐瓊樓玉宇，高處不勝寒。
雕欄玉砌應猶在，只是朱顏改。

親愛的小朋友，感謝你和博物館通關小列車一起經歷了一段美好的知識旅程。這些好玩又有趣的知識，你都掌握了嗎？快去考考爸爸媽媽和你身邊的朋友吧！

◆ 答對 3 題以上：真棒，你是博物館小能手了！

◆ 答對 5 題以上：好厲害，「博物館小達人」的稱號送給你！

◆ 答對 6 題以上：太能幹了，不愧為博物館小專家！

◆ 全部答對：哇，你真是天才啊，中國考古界的明日之星！

 接下來，小滿要帶大家去美國的大都會藝術博物館，拜訪在大洋彼岸的中國文物朋友們。快和小滿一起踏上新的旅程吧！

作者　杜瑩

● 有着無限童心與愛心的「大兒童」

● 正兒八經學歷史出身的插畫師

● 在寧波工程學院主講藝術史的高校教師

● 夢想做個把中華傳統文化講得生動有趣的「孩子王」